L'ANGE
DE LA MAISON

Elle est morte pour vous qui cherchez son visage ;
Mais pour nous elle est près, elle vit, elle dort !...
(Lamartine.)

PARIS-AUTEUIL

IMP. DES APPRENTIS CATHOLIQUES — ROUSSEL

40, rue La Fontaine, 40.

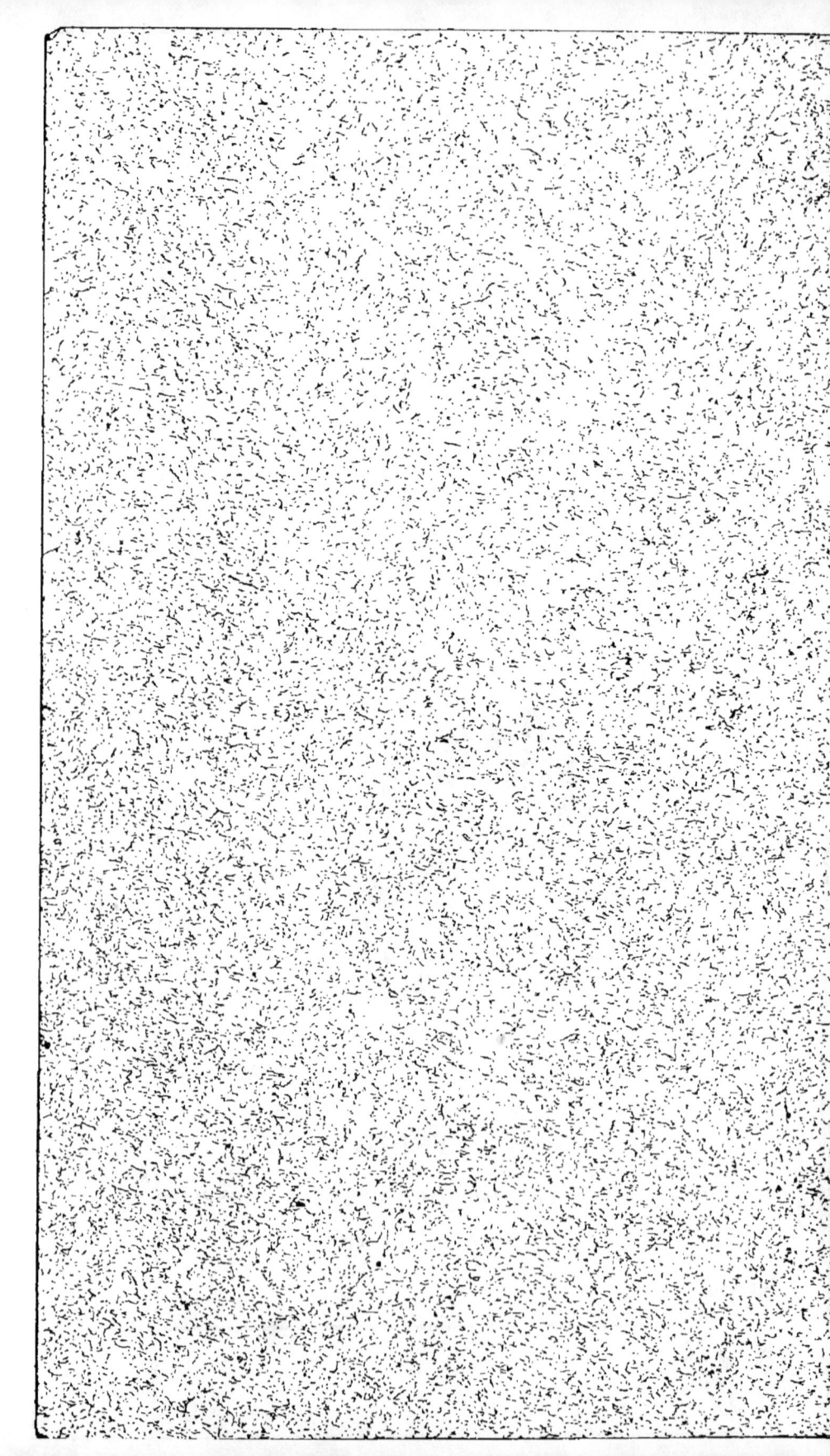

L'ANGE DE LA MAISON

L'ANGE
DE LA MAISON

Elle est morte pour vous qui cherchez son visage ;
Mais pour nous elle est près, elle vit, elle dort !...

(Lamartine.)

PARIS-AUTEUIL

IMP. DES APPRENTIS CATHOLIQUES — ROUSSEL

40, rue La Fontaine, 40.

L'ANGE DE LA MAISON

Elle est morte pour vous qui cherchez son visage ;
Mais pour nous elle est près, elle vit, elle dort !...

I

L'Eglise entière est en fête.

Au Ciel, l'armée triomphante des Saints rend gloire au Seigneur, en chantant : *Salus Deo nostro, qui sedet super thronum, et Agno :* « Le salut est à notre Dieu, assis sur le trône, et à l'Agneau. » Et la troupe innombrable des Anges répond : « Bénédiction, gloire, sagesse, action de grâce, honneur, puissance et force à notre Dieu dans les siècles des siècles. Amen. »

Sur la terre, les fidèles entonnent l'hymne de louange : « Heureux habitants de la Cité sainte, vous qu'une même gloire couronne dans le Ciel, nous vous consacrons un même jour ici-bas, pour y célébrer ces triomphes qui vous ont coûté tant de peines et de travaux. » Les cloches sonnent à toute volée et font retentir les airs de leurs plus joyeux accords.

Une animation inaccoutumée règne dans la riante petite ville de Saint-C.... : c'est que, pour la première fois, le son des orgues va remplir la nef de sa nouvelle église, resplendissante de fraîcheur. Et comme chacun a voulu contribuer à leur établissement, chacun aussi tient à les entendre.

Au milieu de cette allégresse générale, parmi tous ces visages rayonnant d'amour et d'espérance, j'en cherche un qui, cependant, a sa place bien marquée à cette pieuse cérémonie : pourquoi n'êtes-vous pas là, gracieuse et sympathique jeune fille ?

Tous, nous nous rappelons avec quelle modestie charmante vous portiez l'éclat de vos dix-neuf printemps, alors que vous passiez dans nos rangs, pour nous convier à cette bonne œuvre, aujourd'hui, grâce à vous, si heureusement accomplie.

Que la vie s'offre belle et attrayante à vos regards ! Tout s'épanouit devant vos pas ; et la route que vous allez suivre n'est parsemée que de roses. Entourée d'une famille qui vous idolâtre et dont vous faites le bonheur et la joie, vous exercez votre bienfaisante influence sur les êtres qui vous sont chers : bien plus une sœur qu'une fille pour celle qui vous a donné le jour, vous remplissez auprès de vos jeunes frères le rôle de la plus affectueuse et de la plus attentive des mères. Tous ceux qui vous approchent vous aiment et vous bénissent, parce que vous n'avez qu'une pensée, celle de faire des heureux.

Aimable et naïve enfant, quel nom vous donnerai-je ? — Celui qui est dans toutes les bouches : vous êtes bien l'Ange de la maison.

C'est qu'aussi le bon Dieu vous

a largement prodigué Ses faveurs, en vous donnant en partage la beauté, la grâce, l'innocence, la charité, un esprit affable et distingué, un cœur tendre et généreux. Enfin, à ces dons précieux, Il a voulu ajouter le plus désirable de tous, en vous laissant ignorer que vous les possédez.

Mais, encore une fois, où êtes-vous donc, en ce jour de fête? — Une voix intérieure m'a déjà répondu; je reste sourd à ses accents. Aussitôt le service terminé, j'ai pris le chemin qui mène au parc de M...

L'allée est sombre et silencieuse: je n'entends que le bruit des feuilles mortes, qu'une brise légère détache de leurs tiges desséchées, et que je foule en passant. En les voyant à terre, je me rappelle cette pieuse pensée que j'ai lue quelque part : froides et décolorées, fussent-elles dédaignées de tous, le vent peut les emporter et en préparer une couche à quelque pauvre dont la Providence se souvient au haut du Ciel. Et j'ai senti une larme mouiller ma paupière.

La grille du château est ouverte ; personne n'en garde l'entrée. Sur le perron, quelqu'un m'a vu, et détourne son visage.

Ah ! comme mon cœur est gonflé, lorsque, franchissant ce seuil abandonné, je salue cette demeure, d'ordinaire si gaie et si hospitalière, en répétant tout bas : « Seigneur, visitez cette maison, et que vos saints Anges y habitent, afin de nous y conserver en paix. »

Tout tremblant, je gravis l'escalier. Une porte est entr'ouverte : je la pousse doucement. — Quel spectacle, grand Dieu !

Sur un lit, couvert de fleurs aussi blanches que la neige, est étendue une jeune fille, — mais non, c'est un Ange descendu d'en haut. Oh! quel sourire! En voit-on de pareil sur notre misérable terre?

Et pourtant c'est bien elle, elle que je cherchais tout à l'heure, à la tête de ses joyeuses compagnes. A travers ses doigts amaigris, je vois pendre les grains de son chapelet; ses parents et quelques personnes dévouées prient à ses côtés. Je m'agenouille avec eux...

Combien de temps demeurai-je ainsi, perdu dans une ravissante contemplation? Je l'ignore. Lorsque je me relève, la chambre est vide. Seul, près de cette couche de douleur, sur laquelle elle reste immobile, veille l'ami de sa jeunesse, le confident de ses pensées : — Eh bien! me dit-il en soupirant.

Et moi, à voix basse, je réponds : — Que son visage est tranquille. Quelle sérénité!

— Bienheureux à jamais celui qui repose sur le sein de Dieu!

— Mais pourtant, ce sourire vit encore?

— Oui! C'est que son âme, en s'envolant vers les régions éternelles, a vu le Ciel; et son dernier soupir, en traversant ses lèvres, y a laissé une empreinte que la mort n'a pu effacer.

— Ah! mon Père... Ainsi nous ne la reverrons plus?

— Ayez confiance, mon fils. C'est une fleur que le Seigneur a cueillie pour orner Son Paradis : là, nous la retrouverons; là, désormais, il faut aller la chercher!...

II

Le soleil s'est levé resplendissant, pour éclairer cette journée, consacrée au souvenir de ceux qui ont quitté ce monde. Et déjà, sur des milliers d'autels, l'Hostie sainte est offerte en holocauste : de nombreuses phalanges, délivrées du lieu de ténèbres et d'expiation où elles languissaient loin de Dieu, voient briller dans toute sa splendeur le Soleil de justice. — Allez, âmes fidèles, allez déposer vos couronnes sur les tombes de ces parents que vous pleurez ; et puis, écoutez la voix de l'espérance qui vous invite à vous réjouir : car, au Paradis, on est encore en fête.

Mais voici qu'un pieux cortége s'avance, précédé de la Croix du Seigneur. Sur son passage, chacun se découvre et se signe. Est-ce donc une dépouille mortelle, conduite à sa dernière demeure ? — Non, c'est un lis qu'on va offrir à la Reine des Vierges.

J'ai suivi, en silence, ce char où l'objet de notre douleur disparaît sous un monceau de bouquets et de guirlandes entrelacées, touchant hommage d'affection et de regret. Et pourtant, dans cette foule recueillie, mes yeux n'ont rien distingué. Je marchais sous l'empire d'un charme étrange qui captivait délicieusement mes sens : il me semblait qu'un parfum d'une suavité inconnue pénétrait mon âme.

L'église, vers laquelle nous nous dirigeons, n'est point tendue de noir, comme aux jours de deuil, elle a conservé ses brillantes couleurs et revêtu ses plus riches ornements. Pourquoi toutes ces fleurs, pourquoi ces cierges allumés ? Sont-ce des noces qu'elle s'apprête à célébrer ? — Oh oui ! Et en est-il de plus magnifiques ? Le céleste Epoux va venir : voici Sa fiancée qui arrive.

Cependant, le prêtre monte à l'autel; le sacrifice commence. Les Anges du Seigneur entourent le saint tabernacle, et, prosternés dans l'attitude du plus profond respect, adorent la Majesté divine. Etincelants de clarté, leur nombre s'étend à l'infini.

Quel cœur chrétien saurait rester insensible en face de cette auguste scène? Aussi, avec quelle ferveur nos humbles prières se joignent à celles de ces esprits bienheureux pour s'élever jusqu'aux pieds du Tout-Puissant, et attirer sur Ses indignes créatures le pardon et l'oubli de leur ingratitude.

Bientôt, au milieu de cette lumière radieuse qui inonde le sanctuaire, apparaît une figure plus éblouissante encore : c'est l'Agneau sans tache qui présente Ses Plaies glorieuses devant le trône du Très-Haut : *Père Saint*, s'écrie-t-il de Sa voix adorable, *conservez en votre nom ceux que Vous M'avez donnés. Je Me suis sacrifié Moi-même pour eux, comme une victime sainte, afin qu'ils soient aussi sanctifiés en vérité. Recevez-les dans votre Royaume, afin qu'ils contemplent Ma gloire, cette gloire que Vous M'avez donnée, de toute éternité, parce que Vous M'avez aimé avant la création du monde.*

Je n'osais lever les regards sur mon divin Maître, implorant ainsi la miséricorde de Son Père ; mais, courbant la tête devant un tel prodige de charité, je répétais tout bas cette protestation, tant de fois déjà renouvelée : « Plaies sacrées qui me parlez si éloquemment de l'amour de mon Sauveur pour moi, et qui me demandez d'une manière si touchante et si impérieuse mon amour et tout mon amour pour Lui, soyez le lieu de mon repos ; que je le choisisse par préférence à tout autre et que j'y fixe ma demeure. Là, je me nourrirai du pain et du breuvage dont se nourrit Jésus-Christ Lui-même, c'est-à-dire de mes pleurs, de mes regrets, de mes désirs et de mon amour. ».....

C'est alors que les célestes messagers des volontés divines vont chercher, parmi les élus du Seigneur, ceux qui ont obtenu grâce au tribunal de Sa justice. Je les vois passer devant mes yeux ravis. Tableau délicieux, joie ineffable? — Je voudrais suivre leur vol léger et m'élever avec eux dans ces hautes régions où m'entraînent les aspirations de mon âme. Je puis, du moins, goûter à loisir les accords d'une harmonie sacrée qui me transporte au Ciel : ce sont des hymnes d'amour que répète en chœur la blanche légion, troupe étincelante *qui accompagne l'Agneau partout où Il va.*

Au milieu de cette brillante escorte, dont la robe d'innocence n'a jamais été ternie, j'ai reconnu celle que nous aimions tant et que nos larmes ne peuvent rendre à

notre tendresse. Je m'élance pour la rejoindre, quand, d'un geste plein de bonté et de grâce, elle arrête l'ardeur de mon désir : « Adieu, Ange du Seigneur, m'écriai-je en étendant vers elle mes mains suppliantes, adieu pour toujours ! » — Et de ses lèvres qui vont chanter à jamais les louanges de la très-sainte Trinité, je recueille cette parole d'espérance : « A bientôt, peut-être ! » . . . .
. . . .

La douce vision a disparu. Je me retrouve en face d'un officiant qui présente l'eau bénite; chacun, après lui, faisant le signe de la Croix sur le cercueil, ajoute avec tristesse : *Requiescat in pace*, et je m'éloigne, absorbé dans cette pensée : j'étais aux portes du Paradis.

Oui, gracieuse et pure enfant, je vous ai vue entrer au séjour du bonheur. Quelles délices, et quel souvenir! Et pourtant, toute ma vie, je veux continuer à intercéder pour vous. Rien n'est perdu de ce qui va vers Dieu : si mon indigne prière ne vous est d'aucun secours, vous la Lui offrirez, et, dans Sa bonté infinie, Il saura bien la faire servir à quelque âme abandonnée dont personne ne se souvient. Elle sera la goutte d'eau dans cet océan de bénédictions et de grâces, qui retombe en rosée bienfaisante sur chacun des membres de l'Eglise militante et souffrante !

III

Et maintenant, cher lecteur, ne dites pas que l'imagination seule a pu dicter le récit que vous venez de lire; car alors nous pourrions vous demander : ne seriez-vous pas de ceux qui, en se montrant à ces pieuses cérémonies, n'accomplissent qu'un acte de simple civilité mondaine? Aussi leur but est-il rempli, s'ils arrivent seulement à temps pour serrer la main de celui qui mène le deuil et prolonger le supplice que réclame un usage impitoyable. N'est-ce pas assez déjà pour ce malheureux père d'avoir à suivre jusqu'au bord de sa tombe, cette fille chérie qu'il ne doit plus revoir; et faut-il encore qu'il ait à se composer un visage reconnaissant, à travers les larmes qui l'oppressent ?

Pauvre père, en effet ! — Parmi tous ceux qui pleurent au jour de la cruelle séparation, c'est bien lui qui est le plus à plaindre.

La mère qui voit son enfant arraché de ses bras, est tout d'abord comme foudroyée. Ne semble-t-il pas qu'elle aussi va mourir, afin d'être plus vite auprès de lui ? Mais bientôt, elle se relève, et avec ce coup d'œil pénétrant que sa tendresse maternelle lui donne, elle découvre aussitôt l'asile où s'est réfugié désormais cet être, ravi à son affection. — Telle, Marie, cherchant son divin Fils, se dirige vers le temple et Le retrouve en ce saint lieu. Ainsi la mère qui a rendu à Dieu le fruit de ses entrailles, monte au temple sacré où elle est bien certaine de le rencontrer, à ce temple, de l'entrée duquel le Roi Prophète parlait, en l'appelant : *la porte du Seigneur, qui livrera passage aux justes.* Et cette porte, quelle est-elle autre que la plaie du côté de Notre-Seigneur crucifié ?

Oui, c'est au Cœur de Jésus que la mère frappe, parce que c'est là que son enfant habite, à l'abri des maux et des tentations de ce monde. Et, comme ce Cœur adorable est constamment ouvert pour recevoir ses soupirs et les élans de son amour, chaque jour et à chaque instant du jour, elle peut aller s'entretenir avec lui, et faire revivre plus douces et plus durables, des impressions passées mais non détruites.

Or, en est-il beaucoup parmi les hommes, qui sachent comprendre ce que renferme de consolation ce trésor caché? C'est pourquoi nous avons dit et nous répétons : pauvre père ! — Cette jeune fille était votre joie. Quand, après une journée passée au milieu du tracas des affaires, ou dans le tourbillon de cette vie dont les jouissances fugitives se paient parfois si cher, vous rentriez le soir, le front soucieux et l'esprit fatigué, c'était elle qui venait à votre rencontre, et d'un baiser savait toujours dissiper ces vilaines rides et ces noires préoccupations.

Elle était, sur cette terre, l'Ange de la maison. Pourquoi donc le Seigneur l'a-t-Il rappelée à Lui ? — Lui seul, il est vrai, le sait parfaitement ; mais ce que nous savons, c'est que Sa miséricorde est immense et Ses desseins sont infiniment sages, quoique, souvent, nous ne puissions pas en concevoir la portée : de là, notre confiance aveugle en un Père aussi aimable.

Cependant, et sans vouloir scruter les décrets de Sa Providence, nous trouvons dans Son saint Evangile une phrase qui répond trop bien à notre question pour que nous nous privions du plaisir de la rappeler ici.

Connaissant les pieux sentiments de cette chère enfant, ainsi que la pureté de son innocence, n'est-il pas permis de supposer que, si les douleurs de l'agonie l'ont empêchée de laisser à sa famille une parole d'adieu, que traduisait d'ailleurs si éloquemment son dernier sourire, son cœur, du moins, renfermait cette tendre expression, sortie de la bouche du divin Maître, alors qu'Il entretenait Ses Apôtres de leur séparation prochaine : *Je M'en vais pour vous préparer le lieu. Et après que Je M'en serai allé, et que Je vous aurai préparé le lieu, Je reviendrai, et vous prendrai avec Moi, afin que, là où Je serai, vous y soyez aussi.*

Je vous préparerai le lieu; c'est-à-dire, je contribuerai par mes prières à vous obtenir de la bonté de Dieu, le don inestimable de la persévérance finale, auguste couronnement de votre fidélité à Son service. Et alors, vous aussi mourant dans Sa grâce, nous serons tous réunis pour l'éternité.

Et puis, que cette pensée est bien digne du Cœur d'un Dieu : Il l'a placée dans Son Paradis, afin que ce fût elle qui vînt la première au-devant de ses parents et les conduisît au lieu du repos et de la félicité.

Oh ! qu'il est doux et consolant pour eux, ainsi que pour tant d'affligés dans une position semblable, de pouvoir se dire : Notre fille est maintenant l'Ange de la Maison de Dieu. De là-haut, elle plane sur ceux qui l'ont tant aimée en ce monde, elle veille sur eux, elle intercède en leur faveur. Et quand l'heure aura sonné de paraître devant notre Juge, pour entendre prononcer sur notre vie entière la sentence immuable, alors que le ministre du Seigneur, appelant les saints Anges, afin qu'ils reçoivent notre âme et la présentent au Très-Haut, récitera cette touchante invocation : *Subvenite, Sancti Dei; occurrite, Angeli Domini : Suscipientes animam ejus, offerentes eam in conspectu Altissimi*; alors, c'est encore elle qui viendra à notre rencontre, et sa douce présence effacera l'appréhension de cet instant suprême, où nous allons enfin comprendre l'excellence de la sublime vérité, déjà entrevue ici-bas : qu'il n'y a de bonheur qu'en Dieu, car Lui seul est éternel !

Novembre 1877

*L orsque l'orage éclate et que la foudre gronde,
O ù se réfugierait, à l'abri de ce monde,
U ne si tendre fleur ? —
I l l'a mise en Son Cœur.
S ans crainte désormais de voir sa paix ravie,
E lle est toute à son DIEU dans l'éternelle vie !*

AMA NESCIRI.

Paris-Auteuil. — Imp. des Apprentis catholiques.
ROUSSEL. — 40, rue La Fontaine.

www.ingramcontent.com/pod-product-compliance
Lightning Source LLC
Chambersburg PA
CBHW060531050426
42451CB00011B/1733